Aniar

VOICES AND VERSE FROM THE EDGE OF THE WORLD

Aniar

VOICES AND VERSE FROM THE EDGE OF THE WORLD

Téacs/Text: Tadhg Mac Dhonnagáin

Grianghrafanna/Photography: Ceara Conway

Ceol/Music: John Ryan

Foilsithe den chéad uair ag Futa Fata, An Spidéal, Co. na Gaillimhe.

An Chéad Chló – 2007

An leabhar agus an taifeadadh – © 2007, Futa Fata

Na Dánta nach mbaineann leis an traidisiún – © Na Filí, de réir mar atá leagtha amach sa téacs

Na hAistriúcháin/All Translations – © Tadhg Mac Dhonnagáin, 2007

ISBN: 0-9550983-2-7

Dearadh, idir Chlúdach agus Téacs /Cover and Book Design: Anú Design, Tara
www.anu-design.ie

Bord na Leabhar Gaeilge

Ár mbuíochas le Bord na Leabhar Gaeilge faoin tacaíocht airgid

Fuair an ghné taifeadta den togra seo tacaíocht ón gComhairle Ealaíon, faoin scéim "Deis"

Futa Fata,
An Spidéal,
Co. na Gaillimhe,
Éire
Fón: + 353 (0)91 504 612
Ríomhphost: eolas@futafata.com
Láithreán: www.futafata.com

Clár

v

Focal Buíochais

Ba mhaith liom mo bhuíochas a ghlacadh leo seo a leanas, faoin gcead roinnt píosaí sa leabhar a chur i gcló anseo:

Cló Iar Chonnachta: Do na dánta *Cuireadh* le Joe Steve Ó Neachtain, a cuireadh i gcló i dtosach sa gcnuasach *De Dhroim Leice* (1990); *Soitheach na nDeor agus An Cailín Beag sa gCúinne* le Johnny Chóil Mhaidhc, ón gcnuasach *Buille Faoi Thuairim Gabha* (1987); *An Ortha, Ortha na Seirce , Ortha na Bó agus An Duine gan Stór,* ábhar traidisiúnta a bhailigh Learaí Ó Fínneadha le chéile, ón leabhar uaidh *Ó Bhaile go Baile*, (1993).

An Clóchomhar: Do na dánta le Máirtín Ó Direáin – *Faoiseamh a Gheobhadsa* a foilsíodh den chéad uair sa gcnuasach *Coinnle Geala* (1942); *Fís an Daill* ón gcnuasach *Ó Mórna agus Dánta Eile* (1949) agus *Glór Acastóra* ón gcnuasach *Crainn is Cairde* (1970).

Peadar Mac an Iomaire agus Cló Chois Fharraige: Don dán *Maidin Bhealtaine* le Seosamh Ó Donnchadha, Filí Bhaile na mBroghach, ón gcnuasach dá chuid filíochta a chuir Peadar i dtoll a chéile faoin teideal *Dánta Fhilí Bhaile na mBroghach* (1983).

Rita Kelly: Don dán *Oíche Nollag* le hEoghan Ó Tuairisc, ón gcnuasach *Lux Aeterna* a foilsíodh den chéad uair i 1964, eagrán nua foilsithe ag Cois Life, (2000).

Buíochas le Ciarán Ó Tuairisg agus le foireann Telegael faoin gcúnamh fial i gcónaí agus leis na haisteoirí, Peadar, Áine agus Darach – chuir a gcuid glórtha go mór leis an togra.

Ba mhaith liom chomh maith mo bhuíochas a ghlacadh le Bord na Leabhar Gaeilge faoin gcoimisiún a bhronn siad orm le tabhairt faoin leabhar seo a chur i dtoll a chéile; leis an gComhairle Ealaíon a thacaigh le léiriú agus le taifeadadh an dlúthdhiosca, faoina scéim thacaíochta siúd do na healaíona traidisiúnta *Deis* agus ar deireadh, d'Údarás na Gaeltachta, faoin tacaíocht atá tugtha acu leis an lipéad Futa Fata a fhorbairt.

I gcuimhne ar Johnny Chóil Mhaidhc

Réamhrá

Dhá bliain ó shin agus mé féin agus mo leathbhádóir ceoil John Ryan ag obair ar chnuasach véarsaíochta ó bhéaloideas Chonamara, an leabhar agus dlúthdhiosca do ghasúir ar bhaist muid *Gugalaí Gug!* air, chinn muid ar thabhairt faoin mbailiúchán eile seo do dhaoine fásta a chur ar fáil.

Is ón traidisiún béil is mó a thagann an t-ábhar atá i gcló anseo, ach de réir mar a chuaigh an taighde chun cinn, d'airigh mé go mba bhreá an rud é roinnt nua-chumadóireachta a chur san áireamh chomh maith ann.

Mar sin, chomh maith leis na seanvéarsaí, na horthaí agus na rabhlóga, tá saothar filí anseo a mhair lenár linn féin, ach a bhain go dlúth leis an tseanstíl cumadóireachta – Filí Bhaile na mBroghach, Joe Shéamais Sheáin Ó Donnchadha, cuir i gcás agus Johnny Chóil Mhaidhc, ar cailleadh é agus muid i mbun taifeadta ar roinnt píosaí leis anseo.

File é Joe Steve Ó Neachtain a bhfuil saothrú déanta aige ar an tseanstíl, idir amhráin agus agallaimh beirte, ach tá leabhair sa stíl nuafhilíochta curtha ar an saol aige chomh maith. Tá Gaillimheach eile, Eoghan Ó Tuairisc, as Béal Átha na Slua san áireamh anseo freisin. Bhain filíocht Eoghain go príomha leis an ngluaiseacht nualitríochta a tháinig chun cinn sa bhfichiú haois sa nGaeilge. Ach tá corrphíosa leis ar nós "Oíche Nollag" atá an-fheiliúnach le haithris os ard agus a thagann go hálainn, dar liom, leis an gcuid eile den ábhar, atá préamhaithe i dtraidisiún Chonamara. Go deimhin, cloistear an dán seo á aithris i séipéil an cheantair, faoi Nollaig.

Chuir mé dhá phíosa eile, ar aistriúcháin iad ón tSeanGhaeilge san áireamh chomh maith. Nuair a léitear agus nuair a chloistear iad le hais véarsaí Joe Shéamais Sheáin, cuir i gcás, is léir go bhfuil an bá chéanna le haireachtáil iontu leis an saol nádúrtha inár dtimpeall.

Ag an bpointe seo i stair an chine dhaonna, nuair atáthar ag déanamh oiread imní faoin drochbhail atá fágtha ag an duine ar an bplainéad álainn seo a fágadh le huacht againn, ní miste, sílim, filleadh ar an dúchas sin agus comhairle Fhilí Bhaile na mBroghach a dhéanamh – sásamh a bhaint as fíoráilleacht an tsaoil.

The distinction in the oral Irish tradition between a poem and a song is a hazy one. The sean-nós or traditional singers of Conamara, the largest Irish-speaking region in Ireland, often speak of their songs in terms of "an ceol" – the music, or tune and "an fhilíocht" – the poetry, or lyrics. One of the songwriters whose work has most successfully stood the rigours of time here is the late 18th and early 19th century Mayoman, Antoine Ó Reachtabhra, commonly known as Raifteараí an file – Raftery the poet. But Raiftearaí, like many versemakers of the Gaelic tradition, composed some of his words to be sung and others to be recited.

As sean-nós singing has become more and more popular, due to its promotion on radio and through keenly-contested singing competitions, the reciting of traditional poetry has been somewhat sidelined. With this book and CD, I set out to present this material in a new way. I wanted the book itself to be more than an archival collection of the material it contained. Ceara Conway's photographs are a visual accompaniment to the words, just as John Ryan's soundtracks are a sonic backdrop. The English translations are intended to help readers and listeners make their way back to the original. And the combination of voice performance, music and ambient sounds on the CD will hopefully bring the words to life.

The bulk of the material here is written in the traditional style of Gaeltacht oral literature. As I sifted through possible verses to include, I came across a number of pieces from the *ortha* tradition. These would never have been traditionally recited as a performance for an audience – they were prayers or charms, used to ease a toothache, protect livestock, or entice a prospective marriage partner. I was fascinated by the semi-Christian, semi-pagan mood they create. As *orthaí* are now falling into disuse, and as they are beautiful pieces of composition in their own right, I decided to include a few here.

I also added some twentieth century poems written in a more modernist style, but that worked well, in terms of theme and subject-matter, with the overall feel of the book. The series of triads - proverbs that explain the significance of groups of three things or ideas, are quirky musings on the world. I felt it would be interesting to try to re-invent them in a performance context and so present them to a general audience of listeners and readers. For good measure, I also threw in two pieces from the early centuries of Gaelic poetry, for the simple reason that I love them and had always wanted to record them. I hope you enjoy these voices and verse from the edge of the world.

Tadhg Mac Dhonnagáin
An Spidéal, Márta 2007.

Cuireadh –

Joe Steve Ó Neachtain (1942–)

Tá airní is sméara
Fós fairsing
Ach tá séasur a mblaiste
Ar thob scor;
Is fearr dhúinn mám fhilíochta a bhlaiseadh
Sul má chacas an púca
Ar an tor.

3

Invitation

Though the brambles are heaving with berries
Soon all this fruit will decay
So before they're polluted by púcas*
Come taste these verses today.

Púca – a hobgoblin or sprite

Though the brambles are heaving with berries
Soon all this fruit will decay
So before they're polluted by púc
Ach cúpla punt i bpoca mo thóna;

Is cuid d'óige chuile pháiste tuaithe in Éirinn iad na sméara dubha. Tagann siad i lár mhí Lúnasa agus ag brath ar an séasúr, is féidir iad a ithe i gcónaí suas go lár mhí Dheireadh Fómhair. Ina dhiaidh sin, tá an chontúirt ann go gcuirfidís tinneas boilg ar dhuine. Le fainic a chur ar ghasúir ó bheith ag sclamhadh sméara lofa, tá scéal ann sa mbéaloideas go bhfuil sé de nós ag púcaí agus ag sióga a dhul thart agus a gcac a dhéanamh ar na driseacha, Oíche Shamhna. Is gá mar sin an féasta a ithe in am, sul má bhíonn sé curtha ó mhaith ag púcaí na hamsire. Seans gurb í an Ghaeilge féin atá i gceist ag Joe Steve Ó Neachtain sa dáinín seo – tá féasta seanchais ar fáil, ach níor mhór bheith aireach, mar seans nach mbeidh sé ann i gcónaí.

Joe Steve Ó Neachtain, from the townland of An Chré Dhubh, a short distance west of An Spidéal, is a writer of impressive range. He made his name in his native Conamara and on the national stage at the annual Oireachtas festival, writing and performing the *agallamh beirte*, the traditional two-hander style of dramatic verse. He has also written songs and poetry, as well as short stories, a number of novels and drama for both the stage and the airwaves. This poem was the opening salvo of his first book of verse in a more modernist style – De Dhroim Leice (Cló Iar Chonnachta, 1990). The image and the rhythm, though, is very much rooted in the stony soil of Cois Fharraige.

Joe Steve compares the embarrassment of riches to be found in the oral Gaelic tradition to the annual feast of blackberries that appear along the stone walls and ditches of Conamara. But it may not be like this forever. Just as the fairies come at Hallowe'en, defecating on blackberries with wild abandon, and so make them unsafe to eat, the púca of cultural change could also threaten to bring the tradition of Gaelic poetry to an end. So let's appreciate what we have, before it disappears.

Is Mé an Ghaoth ar Muir

Is mé an ghaoth ar muir
Is mé an tonn tréan
Is mé glór na mara
Is mé seitreach daimh
Is mé seabhac na haille
Is mé an ga gréine
Is mé áilleacht na luibhe
Is mé an torc ar ghail
Is mé an bradán sa linn
Is mé an loch ar an má.

I am the Wind on the Ocean

I am the wind on the ocean
I am the crashing wave
I am the song of the sea
I am the bellow of the stag
I am the ray of sunlight
I am the beauty of the herb
I am the furious boar
I am the salmon in the pool
I am the lake on the plain.

8

De réir an tseanchais, tá siad seo ar na chéad línte filíochta a cumadh riamh sa nGaeilge. Leagtar iad ar Aimhirgín Glúingheal Mac Míleadh, an chéad duine daonna a leag cois riamh ar thalamh na hÉireann. Deirtear gurb iad na línte seo a tháinig óna bhéal agus é ag teacht i dtír.

Sa nóta a chuir Tomás Ó Floinn leis an leagan NuaGhaeilge seo den dán SeanGhaeilge, leagan a cuireadh i gcló sa leabhar Athdhánta (Cló Mórainn, 1969), deir sé *"Sa tseansaol págánta réamhChríostaí, b'ionann file agus 'draoi', duine a raibh cumhachtaí osnádúrtha aige. Sin é maíomh an fhile sa dán seo Aimhirgín; an file a rá go bhfuil aige féin na cumais sin is dual don dúlra, neart agus luas agus fíoch agus áilleacht".*

Is cosúil go raibh an Floinneach in amhras faoi luacha morálta Aimhirgín. Deir sé faoin mbundán: *"Níl nualeagan anseo ach ar chuid den dán bunaidh, de bhrí na tagartha a bheith ró-dhoiléir i gcuid de agus i gcuid eile nárbh in-aistrithe iad, más intuigthe féin iad".*

To return, briefly, to the beginning: the first man ever to set foot in Ireland, according to tradition, was the warrior poet, Aimhirgín Glúingheal mac Míleadh. These are the lines he uttered as he came ashore at Inbhear Scéine, in what is now Co. Kerry. Aimhirgín belonged to the old school of poets who combined the calling of verse with that of druid or "draoi".

Here he lays down the law – as a druid, he embodies the beauty, the mystery and above all, the violent energy of nature. This idea that a poet had supernatural powers survived for a long time in the Irish tradition. In the days of the bardic schools, one of the harshest punishments that could be meted out to a wrongdoer was that he would be the subject of a poet's satire. It was believed that very few people could survive such an onslaught.

The English-language poet Patrick Kavanagh told a tale about being approached in the nineteen fifties, by a farmer, in his native County Monaghan. The man wanted Kavanagh to write a satire about a neighbour who had done the farmer some injustice. When asked what he charged per line, Kavanagh, who had never previously received such an intriguing commission, plucked a figure out of the air. It was obviously too high. The farmer stared at the poet, aghast. "Sure I could get a solicitor to do it for that!" he exclaimed.

This poem isn't to be found in the oral tradition, but I include it here because the dramatic atmosphere it evokes makes it work very well as a performance piece.

9

Maidin Bhealtaine — *Joe Shéamais Sheáin Ó Donnchadha (1908–1991)*

Nach aoibhinn liom ceiliúr na n-éan ar an gcrann
An mhaidin chiúin álainn is mé ag fáinneáil sa drúcht,
Bíogann mo chroí 'gus m'intinn le áthas
Tráth a dhearcaim an tráth sin ar na gleannta amach romham.

Gach pabhsae ag goineadh is ag borradh go breá,
Grian gheal na Bealtaine ag ardú aníos,
Gan scamall gan smúit ar an spéir in aon áit –
Ó, céad míle fáilte roimh áilleacht an tsaoil.

An bheach is an chuileog ina luí ar an mbláth;
Is an sionnach go sásta ar an leac ina shuí,
Feiceann sé chuige an lacha is a hál
Atá ag teacht ins an snámh san loch atá faoi.

An t-uan, is an searrach ag diúl ar a mháthair,
'S an smólach go hard ag caitheamh nótaí ón gcraobh,
An broc ar a bhealach fán gcarraig sin thall
Le codladh go sámh ann go titim na hoích'.

Feicim amach uaim na púicíní báite,
Ag teacht chugam ón láib, ag oscailt a gcroí,
Is an giorria ag treabhadh thrí na ceannabháin bhána –
Pé ar bith cén áit a chuirfidh sé faoi.

Rachaidh mé suas ar an strapa mór ard sin
Nó go bhfeice mé áilleacht na ngleannta fúm síos.
Tá sméara is sú salúin is fraochóga ag fás ann,
Ach níl siad an t-am seo sách aibí le n-ith'.

Rachaidh mé abhaile ar lomchosa in airde –
Ní fhéadfaidh mé an lá breá a chur tharam fá dhraíocht –
Ach rachaidh mé an bealach, le cúnamh Dé, amárach
Nó go mbaine mé sásamh as fíoráilleacht an tsaoil.

May Morning

This crystal-clean morning, I roam through the dewdrops
I love how the birds celebrate in the trees
My heart and my head are pulsating with joy
As I look on the valleys that stretch to the sea.

The flowers at their sprouting and blooming all round me
The bright sun of Maytime is climbing the sky
Not a cloud or a stain in all of the heavens
As I welcome the beauty assailing my eye.

The bee and the fly whiz and hover all over
A fox licks his paws as he lies on a flag
He watches a duck and her clutch in the water
Bobbing and paddling across to the bank.

The lamb and the foal drink the milk of their mother
The thrush up on high throws his tune to the wind
The badger goes homeward by rocks through the heather
To sleep til the moon lights the sky once again.

I see out before me the white water lilies,
Rise from the mud towards the bright sun above,
The hare ploughs his way through a cloud of bog cotton,
He heads for the hills and the hollows he loves.

I'll walk up myself through that path to the hillside
And look down again at the valleys all round
The strawberries, bilberries growing all over
Soon they'll be ready to pick from the ground.

I'll head on for home then, my bare feet beneath me
But I'll treasure this magic for many a day
And maybe tomorrow I'll walk here to savour
Once more all this beauty I see on my way.

B'as Baile na mBroghach, Indreabhán, i gCois Fharraige do Sheosamh Ó Donnchadha, Joe Shéamais Sheáin, nó Filí Bhaile na mBroghach, mar a thugtaí air. File ar an seandéanamh a bhí ann, duine a bhain leis an traidisiún céanna cumadóireachta leis na glúnta filí a chuaigh roimhe.

Go deimhin, is beag tagairt do shaol na fichiú aoise atá le fáil i saothar an Fhilí. Fearacht Raiftearaí roimhe, is ina chloigeann a chumadh Joe Shéamais Sheáin a chuid dánta. Níor scríobh sé féin síos riamh iad. I dtús na n-ochtóidí, bhreac comharsa leis, Peadar Mac an Iomaire, dánta Joe Shéamais Sheáin ar phár. Foilsíodh deich gcinn is fiche de na píosaí sin i bhfoirm leabhair dar teideal *Dánta Fhilí Bhaile na mBroghach*. Léargas breá atá ina chuid véarsaíochta ar fhile a bhí go hiomlán i dtiúin leis an traidisiún lenar bhain sé.

Some of the earliest poetry we have in the European tradition is the work of sixth-century Irish Christian monks. The sense you get from these poems is the deep spiritual connection their composers felt with the birds, the animals and the plants with which they lived.

This same unselfconscious love of nature is to be found in this description of a fine morning in May, from Cois Fharraige poet, Seosamh Ó Donnchadha, or Joe Shéamais Sheáin as he was better known to his neighbours. He also had a third title – the honorary one of "Filí Bhaile na mBroghach" – the poet of the townland of Baile na mBroghach, about three miles west of the village of An Spidéal in Cois Fharraige.

The word "filí" (or "file" in standard Irish) originally comes from the old Irish verb "to see". A poet was one who had vision, who saw and described things on behalf of his audience. Every scene in this poem would be very familiar to Joe Shéamais Sheáin's listeners – his friends, relations and neighbours of the Cois Fharraige area. But few people could distill their thoughts with the same skill as he could. The Filí of Baile na mBroghach made verse for this local audience and also for his own pleasure and satisfaction. He obviously relished the challenge of forging his ideas into the strict form of rhythm and rhyme he had learnt from listening to traditional verse, as it was sung and recited in the area during his lifetime.

An Ortha

Ortha ar chobh ar bhrobh agus ar bhraoinín
Ar shlat bhinn na ngabha,
Ar shliseog na gcrann,
Mac Mhuire do do thabhairt slán,
Gan ceo, gan anfa, gan draíocht.

Ortha ar chobh ar bhrobh agus ar bhraoinín
Ar shlat bhinn na ngabha
Ar shliseog na gcrann
Mac Mhuire do do thabhairt slán
Gan ceo, gan anfa, gan draíocht

The Charm

A charm on the cataract,
On the weeping wound,
By the iron rail of the smith's gable
By the saplings of Spring
May Mary's Son bring you safely home
Without fog, without storm, without magic.

Beannacht nó paidir bhí san ortha, a d'úsáidtí go coitianta le leigheas a chur ar phian, nó le mianta an chroí a bhaint amach, nó le daoine, nó maoin, nó ainmhithe a chosaint. Ón traidisiún págánach a d'eascair an ortha ach bhaintí úsáid aisti mar phaidir Chríostaí. Fearacht go leor gnéithe eile de sheanchultúr na hÉireann – na toibreacha agus na sléibhte beannaithe, mar shampla, sé an chaoi gur cuireadh blas na Críostaíochta ar an seanrud agus glacadh leis mar chuid de nósmhaireacht an chreidimh nua, in ionad na sean-nósanna a chuir faoi chois agus iad a ruaigeadh isteach sa bhfarraige, in éineacht leis na nathracha nimhe.

The "ortha" or incantation tradition in Irish is a very interesting one. Defined variously in Ó Dónaill's Irish-English dictionary as "a prayer, incantation, spell or charm", it is a point in the culture where pagan and Christian meets and co-exists happily.

Before the advent of modern medicine, people relied on charms and incantations to cure their ills and protect their families. Most of these prayers or charms had a specific role. There is an *ortha* to ease toothache, for example, an ortha to find a lover and keep him or her faithful, to protect livestock, to send one's enemies astray and to guard against the evil eye.

There has always been something of an unorthodox element to the way Irish Catholics practice their faith, especially in rural Ireland. Many Irish people of the older generation pray to their dead relations, for example, asking them to intercede with God. The *ortha*, though now fading into disuse, is a part of that tendency in popular Gaelic culture to mix elements of Christianity and older beliefs.

(This translation is highly speculative. The meaning of the piece, especially the first few lines, is obscure and has probably become corrupted in the process of being passed from generation to generation. The final two lines are the clearest in the original.

Ortha na Seirce

Ortha a chuir Muire in im
Ortha seirce agus síorghrá.
Nár stada do cholainn
Ach d'aire a bheith orm,
Go leana do ghrá mo ghnaoi,
Mar leanas an bhó an lao,
Ón lá seo go huair mo bháis.

The Love Charm

A charm put by Mary on the butter
A charm of affection and everlasting love
May your body not rest
But long just for mine
May your love follow me
And mine follow you
As the cow follows the calf
From now till the hour I die.

The Virgin Mary put a charm on the butter
A charm of affection and everlasting love
May your body not rest
But long just for mine
May your love follow me

Bhí cúpla feidhm leis an ortha seo san am a caitheadh. Chuireadh fear í ar chailín óg a raibh súil aige uirthi, i ngan fhios di, féachaint len í a mhealladh (is dóigh go ndéanadh cailíní óga an rud céanna ar na fir!). Bhí feidhm phoiblí aici chomh maith – dhéantaí í a aithris le linn bainise agus an fáinne á chur ar mhéar na brídeoige. Ba nós an phaidir bhreise seo a chur léi: "A Chroí Ró-Naofa Íosa dean trócaire orainn".

Seanainm ar an ngrá atá i gceist leis an bhfocal "searc" (tuiseal ginideach – "seirce"). Ní focal é a chloistear sa ngnáthchaint go rómhinic.

There is a beautiful image of unconditional love in this piece – the image of the cow following the calf. Anyone who has seen a cow separated from its calf shortly after birth will know how distressed the mother becomes, as her baby is taken away from her. The same, of course, is true of humans – even the most fleeting separation from a young child, in a crowded supermarket, or on a city street, can cause intense feelings of anxiety.

This charm aimed to create that instinctive, unconditional bond between two adults. It was used in the past to cast a spell of love on a potential partner, unknown to them. It was also recited publicly, at weddings, as the ring was being placed on the bride's finger.

Peigí Mistéal

B'ait liom bean a d'imreodh cleas is nach gclisfeadh ar a grá
A shiúlfadh isteach le gean ar fhear 's nach seasfadh leis sa tsráid
A béilín deas ba mhilse blas ná mil na mbeach faoi Cháisc
Is a cúl trom tais fionn fáinneach glas, sí Peigín 'tá mé rá.

Is míne a cneas ná clúmhach mín geal is ná cúr na toinne ar trá,
An chraoibhín gheal nár chríon is nár mheath go dtigeann uirthi bláth;
Go dté mé i bhfeart tá m'intinn leat, a Pheigí, a mhíle grá,
Mo léan is mo chreach gan mé is tú seal ar chóstaí Mheiriceá.

Dá bhfaighinnse caoi nó áit le suí ní chónóinn mí go bráth
Go scríobhfainn síos le peann deas caol do chumhraíocht is do cháil
Níor rugadh riamh aon bhean sa tír a bhainfeadh díot an barr
Ó scriosadh an Traoi mar gheall ar mhnaoi is ó cuireadh Deirdre chun báis.

Tá lonradh an óir i gcúl mo stóir is é ag fás go fáinneach fionn,
Chomh glas le deor go béal a bróg is é ag fás os uain a cinn;
A bhláth na n-úll is breácha snua ná duilliúr úr na gcrann
Faigh réidh Dé Luain go dté tú chun siúil is féach go bhfuil sé in am.

Peigí Mistéal

I'd love a girl who'd keep her word and always loyal be.
A girl who'd walk across the world and come back home to me
Her lips as sweet as honey from the Easter honeybee
Her hair in ringlets, floating down her back for all to see.

Her skin as smooth as eiderdown, as pure white ocean foam
A slender graceful willow tree, whose shoots sway to and fro
Until I lose the will to live, sweet Peggy has my soul
I wish the two of us to Philadelphia could go.

If I could find the time I'd write a ream about my dear
Her love of life, I would inscribe, her scent, her eyes so clear
The light of day did never shine on one as fair as she
Since Troy was set on fire or since sweet Éadaoin loved her Mír.

A shine of gold, her hair enfolds, it grows in ringlets fair
Down her shoulders, to her toes, as light as May morn air
Her footsteps fall like apple blossom, blowing from the tree
Next Monday morn we'll go together, married we will be.

Is mar amhrán a chloistear *Peigí Mistéal* go hiondúil, seachas mar phíosa aithriseoireachta. Leagtar ar Raiftearaí é, ach deir daoine eile go bhfuil an cheardaíocht ann ar chaighdeán níos airde ná mar a bhíodh ag Raiftearaí go minic.

Deirtear chomh maith, áfach, go mbíodh Raiftearaí féin ag casadh an amhráin agus é ag dul thart ina cheoltóir taistil, i dtús na naoú haoise déag, thart ar bhailte Oirthear na Gaillimhe. Murab ionann agus go leor cumadóirí dá linne, ealaíontóir lán-aimsearthach a bhí i Raiftearaí. Chomh maith le hamhráin a chumadh is a chasadh, ba cheoltóir veidhlín é – bíodh is go ndeirtear nach raibh sé thar mholadh beirte ar an bhfidil.

Raiftearaí, the blind, itinerant singer-songwriter from East Mayo who spent his adult life rambling the roads of East Galway, is sometimes credited with the composition of Peigí Mistéal. Others believe that the exceptional standard of craftsmanship found in the song was beyond Raiftearaí's powers of compositon.

Though the images are typical of many other love songs of a similar type, the way that the words are strung together and the poet's achievement in sustaining the strict form of rhythm and assonance is what makes it stand out.

Peigí Mistéal is generally performed as a song, rather than a piece of recitation. It is one of the less-commonly heard songs of the current Conamara sean-nós repertoire.

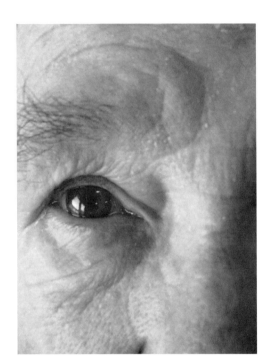

Trí Nithe

Na trí nithe is géire ar bith:
Súil circe i ndiaidh gráinne,
Súil gabha i ndiaidh tairne,
Súil caillí i ndiaidh bean a mic.

Three Things

The three sharpest things on earth:
A hen's eye on a grain of corn,
A blacksmith's eye on a nail,
An old woman's eye on the wife of her son.

Na trí nithe is sciobthaí sa bhfarraige

Roc, ronnach agus rón.

The three fastest things in the sea:

The skate,
The mackerel
and the seal.

Roc, ronnach agus rón

The skate, The mackerel

and the seal.

Trí nithe nach gcoinníonn a slacht i bhfad:

Teach ar ard,
Capall bán,
Bean bhreá.

Three things that don't stay perfect for long:

A house on a hill,
A white horse,
A beautiful woman.

Trí ghalar gan náire:

Tochas,
Tart
Agus grá.

Three compulsions that know no shame:

Itch,
Thirst
And love.

Trí ghalar gan náire:
Tochas, Tart Agus grá
Itch, Thirst And love

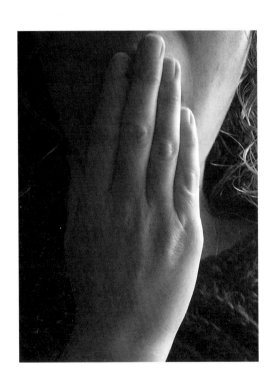

Na trí nithe is géire ar bith:

Dealg láibe,
Róipín cnáibe,
Focal amadáin.

The three sharpest things on earth:

A hidden thorn,
A hempen rope,
A fool's word.

Trí chineál bia:

Bia rí – ruacain
Bia tuata – bairnigh
Bia caillí – faochain
(Is í á bpiocadh lena snáthaid.)

36

Three types of food:

Cockles – the food of a king;
Limpets – the food of a peasant
Periwinkles – the food of an old woman
(She picks at them with her needle.)

Trí nithe nach féidir a fhoghlaim:

Fonn,
Féile agus
Filíocht.

Three gifts that cannot be learnt:

Music,
Generosity and
Poetry.

Trí bhua an tsionnaigh:

Súil bhiorach
Cluais aireach
Drioball scothach

40

Three gifts of the fox:

A sharp eye
An attentive ear
A bushy tail.

Trí bhua an tsionnaigh:

Súil bhiorach

Cluais aireach

A sharp eye, An Attentive ear

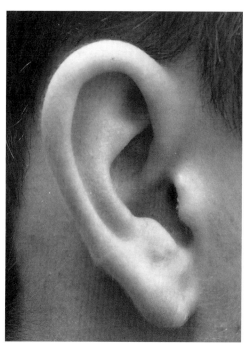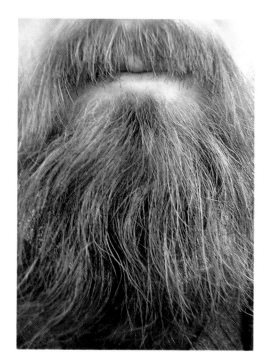

Trí shólás an tseanduine:

Tine,
Tae
Agus tobac.

Three comforts of the old person:

The fire,
Tea
And tobacco.

Ba mhór i gceist ag na Ceiltigh an uimhir trí. Ba mhinic go raibh tábhacht ar leith le grúpaí trí nithe sa gcreideamh págánach. Feictear cloigne cloiche agus trí éadán orthu, cuir i gcás, i measc na n-iarsmaí seandálaíochta atá tagtha anuas chugainn. Go deimhin, deirtear go raibh bá ar leith ag na Gaeil le coincheap na Tríonóide sa gCríostaíocht agus gurb shin ceann de na fáthanna gur ghlac muintir na hÉireann go fonnmhar leis an gcreideamh nua. In imeacht ama, ceapadh an scéal faoi dhuilleoga na seamróige mar shiombal de Thríonóid na Críostaíochta.

B'fhéidir gurb shin an fáth go bhfuil seanfhocla a bhfuil grúpaí trí nithe i gceist iontu chomh coitianta sin sa traidisiún béil in Éirinn.

Triads are a type of proverb that group together three disparate elements and find common ground between them. They are particularly common in the oral tradition of the Celtic countries – possibly because the number three held mystical significance for the Celts. The three-faced stone head, of Corleck, County Cavan, is an example of this interest in the number three.

Most of the older generation in Conamara would know at least a few of the selection of triads included here.

The picture of the seal on page 29 is by Mike Brown.

Tiocfaidh an Lá

Tiocfaidh an lá
a mbeidh bóthar ar gach logán,
Teach mór ar gach cnocán
Droichead thar gach feadán
Cóiste faoi gach breallán
Béarla i ngach bothán
Is an saol mór ina bhrachán.

The Day will Come

The day will come when there will be
A road through every hollow
A big house on every hillock
A bridge over every brook
A coach under every fool
English heard in every hovel
And the whole world in a slobber.

The day will come when there will be
A road through every glen
A big house on every hill   A bridge over every pool
A coach under every fool   English in every hovel

San úrscéal cáiliúil de chuid Mháirtín Uí Chadhain, Cré na Cille, cloistear carachtair na reilige ag argóint faoin tairngreacht a chuir síos ar "Chogadh an dá Ghall" – cé acu cogadh a bhí i gceist leis? An Chéad Chogadh Domhanda nó an Dara Cogadh Mór? Is léiriú é an cineál sin sáraíochta ar an spéis mhór a bhí riamh anall sna tairngreachtaí. Tá traidisiún saibhir tairngreachtaí sa Ghaeilge – ábhar a chuireann síos, den chuid is mó, ar na huafáis atá i ndán don chine daonna san am atá le teacht.

Anuas go dtí an lá inniu, déantar plé ar an mbrí a bhaineann le cuid de na léargais atá ar fáil i dTairngreacht Cholmcille, mar shampla. Is minic go mbíonn teanga na tairngreachta sách deacair le hoibriú amach, nó go mbíonn sí curtha i láthair i bhfoclaíocht atá chomh ginearálta sin go bhféadfaí níos mó ná brí amháin a bhaint aisti.

Tá Tiocfaidh an Lá spéisiúil sa méid is go bhfuil an rud atá á thuar soiléir agus éasca le tuiscint. Shílféa gur neamh ar talamh a thiocfadh le saol na bhfuíoll atá á ghealladh ann. Mar sin féin, ní ródhóchasach atá an té a chum an véarsa faoin mbail a fhágfaidh an iomarca dul chun cinn ar shaol mhuintir na hÉireann.

The *tairngreacht* or prophesy tradition is a rich vein of imaginative composition in Irish. Some of the more elaborate contributions to the tradition are attributed to the saints, such as Colmcille, who would seem to have been something of an Irish Nostradamus.

Tiocfaidh an Lá is especially prescient of post-Celtic Tiger Ireland – a world of much-improved roadways, huge transformation in housing conditions, where almost everyone owns their own private mode of transportation and speaks fluent English. For all these unimaginable advances, the poet predicts that life will not necessarily be any better, nor people any happier, than when they reared families of fourteen children in one-roomed cottages and walked everywhere, barefoot with, as Myles na Gopaleen put it, "nothing to put in their mouths but melodious Gaelic".

Faoiseamh a Gheobhadsa –

Máirtín Ó Direáin (1910 – 1988)

Faoiseamh a gheobhadsa
Seal beag gairid
I measc mo dhaoine
Ar oileán mara,
Ag siúl cois cladaigh
Maidin is tráthnóna
Ó Luan go hAoine
Thiar ag baile.

Faoiseamh a gheobhadsa
Seal beag gairid
I measc mo dhaoine,
Ó chrá croí,
Ó bhuairt aigne,
Ó uaigneas duairc,
Ó chaint ghontach,
Thiar ag baile.

I'll Get some Space

I'll get some space
For a little while
Back with the family
On our rocky isle
Tramping the strand
All day and night
Monday to Friday
I'll be alright.

I'll get some space
For a little while
Back with the family
From what eats me inside,
From this land-locked heart,
From this stormy mind,
From these salted wounds –
I'll be alright.

Sa leabhar *Ón Ulán Ramhar Siar*, sraith cainteanna a thug Máirtín Ó Direáin do mhic léinn i gColáiste na hOllscoile, Baile Áth Cliath, chuir sé síos ar a chúlra féin mar fhile i dtraidisiún Oileáin Árainn:

Bhí daoine ann le mo linn agus i bhfad romham a dtugaidís filí orthu. Ní úsáidtí an focal "file" beag ná mór againne ná, déarfainn, sílim, thiar i gConamara ach an oiread. "Filí" a thugtaí ar an duine sin. Duine a dhéanfadh amhrán faoi na comharsanaí. Cuid acu – magúil, scigiúil, agus bhí triúr nó ceathair acu sin againne thiar, ach ní raibh duine ar bith acu, chomh fada agus is fios domhsa ar mo chinese. Ní raibh an sloinne Direánach ar aon duine acu sin. Bhí siad ann, Iarnáin, clann Uí Chonaola, agus sloinnteacha eile, ach ar thaobh mo mháthar ná ar thaobh m'athar, ní raibh. Níor chuala mé riamh faoi aon duine a rinne amhrán.

Tá a fhios agam anois é go raibh féith na filíochta ionam ó thús, ach ní raibh a fhios agam céard í. Bhí a fhios agam go raibh mé ag imeacht liom asam fhéin cuid mhór, ag brionglóidí agus ag smaointiú. Ach níor thuig duine ar bith eile é ach an oiread, tá mé siúráilte de sin, agus tá dán beag agamsa – "Bhínn ag déanamh fear de chlocha agus á gcur go léir ag ól/Ní raibh fear ar an mbaile nach raibh samhail agam dó", agus dá réir sin. Chuala mé ina dhiaidh sin gurb shin cuid de fhéith na cruthaitheachta. Ní raibh fhios san am úd céard é féith na cruthaitheachta!

Máirtín Ó Direáin was a modernist poet, born on Inis Mór, the biggest of the three Aran Islands, in 1910. The Aran of that time was, like mainland Ireland until recently, a place which reared its children for export. Ó Direáin left the island in 1928, to find work, initially in Galway and later in Dublin. He was to spend the rest of his life in the capital, until his death in 1988.

From the beginning, Ó Direáin was a writer who wasn't content just to master the traditional song forms he heard in the Aran of his youth. He wanted to experiment with the shape and rhythm of his poems. At the same time, he was deeply rooted in the traditional culture of Aran. This poem, one of his best-loved, was first published by Ó Direáin himself at the very beginning of his writing career, in a pamphlet titled Coinnle Geala (Bright Candles), in 1942. It deals with a theme he returned to again and again throughout his lifetime – a longing for the simple life of the island, where he grew up.

Fís an Daill – *Máirtín Ó Direáin*

Bhí seanchaí ar m'aithne
É liath agus dall,
A d'aithris an méid seo
Do scata gan aird:
"Bíonn longa faoi sheolta bána
Ar farraige thiar,
Is fós faoi shoilse geala"
Ar an seanchaí liath.
"Bonn fir is mná ina gcéadta ar bord
Is iad gléasta go gléigeal!"
Ar an seanchaí dall.
"Bíonn fíon is beoir is feoil le fáil
Is iad dá roinnt ar chách go fial"
Ar an seanchaí liath,
Is chonaic mé an scata ag magadh ina thimpeall
Is dúirt duine amháin
Nach raibh ann ach dall
Is nach raibh ina chaint ach rámhaillí ard,
Is chonaic mé gné
An tseanchaí léith
Is í ar lasadh ag fís na háille
Is d'éirigh mé faoi fheirg
Gur fhág mé an áit
Is gur dhúras nárbh eisean
Ach iadsan a bhí dall.

The Blind Man's Vision

I heard an old *seanchaí*
Blind as a mole
Tell this to a crowd
As they drank their dole:
"There are ships under white sail
On the western sea
Their lights wink all night"
Said the grey *seanchaí*.
"Women and men, hundreds – on board
Dressed to the hilt"
said the blind *seanchaí*.
"The best of food and wine is had
All served up, with friendly cheer"
said the grey *seanchaí*.
And I saw that crowd
Skitter and laugh
One of them called him a blind old fool
And his story nothing but rambling talk.
But still the face of the blind *seanchaí*
Was lit by his beautiful vision.
So I stood up, now seething,
Stalked out of the place
Saying it's not him,
But them who are blind.

Seanchaí – a storyteller, an oral historian or genealogist

Agus é ag éirí aníos in Árainn, roimh ré na teilifíse, ná an raidió féin, bhí an-ómós ag Máirtín Ó Direáin agus ag an bpobal lenar bhain sé don scéalaí agus don scéalaíocht. Ba mhinic daoine dalla ina scéalaithe, ina bhfonnadóirí, nó ina gcumadóirí. Is mar sin a bhí leis na céadta bliain roimhe sin – ní raibh radharc na súl ag Raiftearaí an file, ná ag an gcruitire agus cumadóir ceoil Toirbheallach Ó Cearbhallaín, ná ag an mbard Tadhg Dall Ó hUiginn.

Ní bhíodh daoine dalla in ann bheith ag obair ar nós chuile dhuine eile fadó. Thugadh an scéalaíocht nó an fhilíocht ról tábhachtach sa bpobal dóibh, agus meas dá réir.

Is furasta a shamhlú mar sin an t-olc a cuireadh ar Mháirtín Ó Direáin, an oíche ar chuala sé scata pótairí ag fiodmhagadh faoi sheanchaí dall. Ní amháin go raibh siad ag caitheamh anuas ar an scéalaí féin, bhí siad ag léiriú drochmheasa ar an traidisiún lenar bhain sé chomh maith.

Like the blind bluesmen of the American South, Ireland's oral culture is a roll call of visually impaired artists who found their niche as spokesmen and women of their people, through their poetry, their singing or their storytelling. Of course, not all storytellers or singers were blind, but if a blind person happened to have a talent in the oral arts, it gave them a status in the community they would otherwise struggle to attain. Being blind excused the individual from working in the field or on the shore and afforded an opportunity to memorise songs and stories, or to while away the day, composing new songs and poems.

As he recalls here how a drunken crowd mocked a blind storyteller, the anger of Máirtín Ó Direáin's poem is palpable. Not only did the drinkers seek to insult the story and the teller, they also mocked and rejected a whole world of imagination that the *seanchaí* had conjured up for them.

R I P

ECTED BY HIS FATHER THOMAS

Soitheach na nDeor –

Johnny Chóil Mhaidhc (1929– 2006)

Nach bláthmhar mar bhreathnaigh tú inniu
Le do leaca ciúin álainn gan smúit
Cé chreidfeadh ar t'éadan inniu?
Go dtiocfadh cúr leis an olc ar do ghnúis.

Nach gleoite atá t'éadan inniu
Th'éis an ghnímh sin a rinne tú aréir.
Fear bocht ag imeacht le sruth
Agus baintreach ag caoineadh léi féin.

Nach dóighiúil mar bhreathnaíonns tú inniu
Is dóthain mac Rí de bhean thú.
Ach ní túisce a chasanns an sruth
Ná d'fheicfinnse t'intinn ag athrú.

Is péacach mar bhreathnaíonns tú inniu
Is an ghrian ag taitneamh ar do ghnúis
Beirt pháistí ag caoineadh sa scoil
Agus baintreach léi féin sa gclúid.

Nach postúil mar bhreathnaíonn tú inniu
Gan diomú, gan cás ort ná náire.
Tar éis bean bhocht a fhágáil gan fear
Agus teaghlach a fhágáil gan gáire.

The Vessel of Tears

You're looking so peaceful today
Your skin is so smooth and so pale
Who would believe from your face
The anger and danger that's there?

Your smile in the morning - so sweet
After last night's horrific display -
A good man you swept off his feet
His wife left with tears on her face.

You look so arresting today
A fair lady, fit for a king
But as soon as the tide starts to turn
A dark song you're ready to sing.

You look picture-perfect today
The sunbeams your innocence claim
You that left children to cry
And a widow that curses your name.

And now, there's that look of conceit
I can see that you don't give a toss
For the woman bereft, in the street
For the children, consumed by their loss.

You're looking so peaceful today
Your skin is so smooth and so pale
Who would believe from your face
The anger and danger that's there?

Ina leabhar *Buille Faoi Thuairim Gabha*, áit ar foilsíodh an dán seo, is mar seo a leanas a rinne Johnny Chóil Mhaidhc cur síos ar chúlra an phíosa:

Ar an 14ú Aibreán 1983, lá breá gréine, bhí cara liom agus a chompánach amuigh ag iascach gliomach. Ach istigh ar an gcloch agus iad ag tarraingt an phota deiridh, d'éirigh maidhm, d'iompaigh sí an currach, báthadh mo chara, ach tháinig an fear eile slán.

Tráthnóna an lae sin agus tumadóirí agus slua mór ar an gcladach ag cuartú an choirp, bhí mé féin ann – chonaic mé a athair (bhí a mháthair básaithe, go timpistiúil freisin, seal gearr roimhe sin) – bhí a athair cosúil le dealbh cloiche ina aonar ag féachaint amach. Mar a bheadh sé ag rá "tá sin déanta, tá súil le Dia a'am go bhfaighidh siad mo mhaicín". Ba bhrónach an radharc é.

Any community that lives by the sea has a love-hate relationship with it. The sea is a mysterious force – it gives generously of its riches, but it can also take life unmercifully. Until relatively recent times, it was widely believed in the West of Ireland that the sea was a spirit, sometimes called An Fear Glas – The Green Man. This spirit would come and claim individuals and take them away, under the waves. It was considered very bad luck to try to deny the Fear Glas what was rightfully his. This often resulted in a reluctance to come to the aid of a drowning man, as such an action was seen to be interfering with destiny.

Although Johnny Chóil Mhaidhc doesn't refer here to the belief in "An Fear Glas" – he addresses the sea as a woman – the mysterious nature of the sea-spirit is heightened in his poem. Only a few hours earlier, she had shown her true colours as a merciless killer, taking the life of a friend of the poet. Now, as he struggles to take in what has happened, she radiates calm, beauty and innocence.

An Cailín Beag sa gCúinne – *Johnny Chóil Mhaidhc*

Casadh mise isteach i mbeár
Tráthnóna luath Dé Domhnaigh,
Ní tart ar fad a thug mé isteach
Ach cúpla punt i bpóca mo thóna;
Rud a d'fhág an tsláinte ar fónamh,
Rud is annamh liomsa.
Ní raibh ach beirt romham sa mbeár
An rud is annamh is iontach –
Ní raibh ann ar fad ach fear is bean,
An fear taobh thiar den chuntar
Is an bhean ina suí sa gcúinne
Gan chathaoir, gan suíochán fúithi,
Gan sciorta uirthi ná gúna,
Ach í ina suí ar pholl a tóna.
Thairgeas deoch ar ndóigh don bhean
Le gan a bheith mímhúinte
Tá mé singil tá 's agat
Is cá bhfios nach mbeadh sí fiúntach!

Ach ní dhearna an cailín cor ná car
Ná gig ná geaig níor dhúirt sí,
Níor chas a ceann, níor iompaigh thart,
A dhubh ná a dhath níor ól sí
Ach í sa gcúinne ansin ina scraith,
Gan bhríste, *brá* ná brístí.
Chuireas ceist ar fhear an bheáir
An striapach í nó stróinse:
'Is cuma duitse' a deir an fear
'Mar bhí sí féin ann romhatsa,
Is ná tabhair droch-cháil do chailín maith
Mánla measúil múinte'.
Rud eile a dúirt an fear
Agus ní neosfaidh mise bréag duit:
'Tháinig an bhean sin anall thar lear
Chugamsa as Las Vegas
Is bhí a muintir go maith as
Is de bhunadh *millionare* í.

Fuair mé briseadh punt ó fhear an bheáir
Agus bhuail mé síos sa gcúinne,
Chaith mé an *lot* isteach sa slot
Níor thug sí dom aon ruainne
Ach bhí sí ag caochadh súile
Mar a bheadh sí ag magadh fúmsa.
D'fhág mé slán ag an mbean,
Ag cailín na leathláimhe,
Ach níor athraigh a snua, a gnúis ná a dreach
Ná ní dhearna sí aon gháire.
Agus sin é an uair a fuair mé amach
Gur bean 'dit' an cailín báire:
Bandit na leathláimhe.

63

The Girl in the Corner

I wandered lonely towards the pub
Early evening, Sunday
It wasn't thirst that brought me in
But a few quid I'd got handy
Which had me in the best of form
A shape I'm in the odd day.
The bar was quiet – only two
Were there before me, yawning –
The man behind the counter
And a woman in the corner
No stool nor seat beneath her
No dress nor skirt upon her
Sitting on her backside.
Of course, I offered her a jar
I'm famous for good manners
Besides, I'm single – so says I
She's worth a shot of vodka!

But not a word did pass her lips
Not a peep came from her
She didn't turn or look around
She never touched the vodka
But sat there in the corner seat
As naked as a baby.
I asked the barman
What's the score – is she some kind of hooker?"
"Mind your tongue, you" he replied
"She was here before you
So don't bad-mouth a nice, good girl
She's mannerly and comely".
"Another thing" the barman said
"And I'll tell you not a lie now
That woman came here from abroad
Over from Las Vegas
From people who have loads of dosh
Her mom's a millionairess".

I got some change then from the till
And over to the corner
I threw the lot into the slot
She gave me nothing back, though,
Except a winking, blinking eye
As if it was a wind-up.
So I bade goodbye to the silent girl
The one-armed babe in the corner
Still no flicker from her face
No smile or laugh at all there
And that's when I found out the girl
I fancied was a "bean"– dit,
A thieving, one-armed bandit!

Bhí idir shúgradh agus dáiríre ag baint le cumadóireacht Johnny Chóil Mhaidhc. Fear é a chum agallaimh beirte go leor, chomh maith le roinnt drámaí grinn – leithéidí *Pionta Amháin Uisce, An Tincéara Buí* agus *Ortha na Seirce*. Aisteoir cumasach a bhí ann, agus togha an chraoltóra. Fear é a bhí ar a chompord chomh maith ag an gcabhantar i dteach an óil, é ag sáraíocht leis sa nGaeilge álainn, bhlasta a bhí aige.

Is iomaí athrú a chonaic Johnny ar shaol Chonamara lena linn agus ar thithe óil an cheantair chomh maith céanna. Déanann an dán seo cur síos ar theacht na meaisíní cearrbhachais, na *one armed bandits*, chuig pubanna na tuaithe i ndeireadh na seachtóidí agus i dtús na n-ochtóidí.

Throughout the nineteen seventies, the Irish pub went through a number of radical changes. Once a male bastion, a sanctuary from the world, the pub now became a place where men and women mixed freely, as equals. As mass media entertainment developped, the pub changed too – colour televisions began to appear, followed closely by pool tables.

Johnny Chóil Mhaidhc's poem describes the arrival of yet another newcomer to the entertainment options of the public house – the one-armed bandit, or slot machine. The style of this piece is typical of a strand of popular verse that takes a wry look at social change, often from the viewpoint of the untravelled observer, who is mystified by the change he encounters and is trying, to comic effect, to make sense of the new arrival.

Johnny Chóil Mhaidhc was a much-loved writer of the traditional two-hander verse drama form, the *agallamh beirte*. He wrote a number of comic plays and acted in initial productions of them. In the early sixties, his talent as an actor was recognised by the Abbey Theatre in Dublin, who invited him to come and join the permanent repertory, which had a number of native Irish speakers in its ranks. Johnny was unwilling to leave Conamara, but continued to forge his own path at home, as an actor and writer. He appeared in a number of feature films, including Jim Sheridan's production of *The Field*, alongside Richard Harris, John Hurt and his close friend, the actor and broadcaster Máirtín Jamesie Ó Flatharta. Johnny was also a member for many years of *Aosdána*, the academy of artists in Ireland founded by the late Charles J. Haughey. A year before his death in 2006, he was awarded an honorary Master's Degree from the National University of Ireland, Galway.

Ortha na Bó

Go mbeannaí Muire agus go mbeannaí Dia thú,
Go mbeannaí na haspail agus na naoimh thú,
Go mbeannaí an ghealach gheal agus an ghrian thú,
Go mbeannaí an fear thoir agus an fear thiar thú,
Agus go mbeannaím féin i ndeireadh thiar thú.

Blessing of the Cow

May Mary and may God bless you
May the apostles and may the saints bless you.
May the bright moon and the sun bless you
May the man of the east and the man of the west bless you
And finally, may I myself bless you.

Rud an-luachmhar a bhí sa mbó do theaghlach ar bith, san am a caitheadh. San ortha seo, iarrtar ar Dhia na Críostaíochta agus ar Mhuire beannacht a chur ar an mbó. Ach tá an traidisiún págánach le haireachtáil ar an bpaidir nuair a iarrtar ar an ngealach is ar an ngrian an t-ainmhí a chosaint chomh maith. Tá grá le haireachtáil sa bpíosa seo – ba gheall le duine den teaghlach an bhó, fadó. Bhíodh an-chion ag daoine ar a gcuid ainmhithe, mar atá ag muintir an lae inniu ar a gcuid peataí.

At milking time, this *ortha* was recited, to bless the cow, the giver of food to the family. When the bucket was full, the milker would dip a finger in the cream and daub a sign of the cross on the cow's hindquarter, reciting a version of this prayer. Of the three *orthaí* included here, it is the nearest to a conventional Christian prayer. However, the pre-Christian roots of the piece would seem to reveal themselves in the beautiful line "Go mbeannaí an ghealach gheal agus an ghrian thú" – "May the bright moon and the sun bless you".

An bhfaca tú an bacach?

An bhfaca tú an bacach
Nó an bhfaca tú a mhac?
Ní fhaca mise an bacach
Is ní fhaca mé a mhac
Dá bhfeicfinnse an bacach
Nó dá bhfeicfinnse a mhac
Ní bhacfainn leis an mbacach
Is ní bhacfainn lena mhac.

Did you see the Beggar?

Did you see the beggar
Or did you see his son?
I didn't see the beggar
Nor I didn't see his son
And if I saw the beggar
Or if I saw his son
I wouldn't bother with the beggar
Nor bother with his son.

Bíodh is nach raibh anseo ach cluiche spraoi do ghasúir, is léiriú spéisiúil é an rann ar an meas a bhí ag cuid de na daoine ar na bochtáin. Ba duine é an bacach le coinneáil amach uaidh.

Tugtar rabhlóg ar an gcineál seo rainn – sraith fuaimeanna atá deacair le rá, ceann i ndiaidh a chéile, gan dul i bhfastó iontu.

The Irish word for a beggar literally means "a lame person". Before the introduction by the British government of the old age pension in the early twentieth century, old people who didn't have family to support them had to walk the roads, begging for alms as they limped along.

This tongue-twister was composed as a word-game for children, long before the days of political correctness.

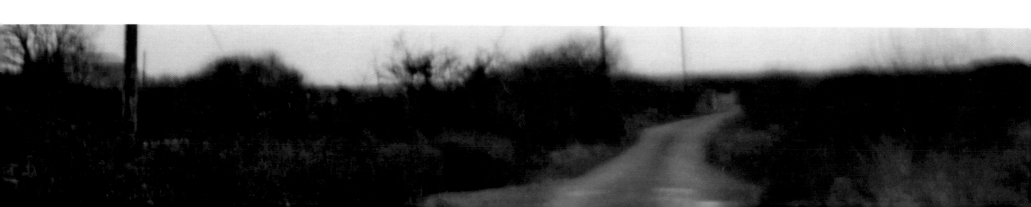

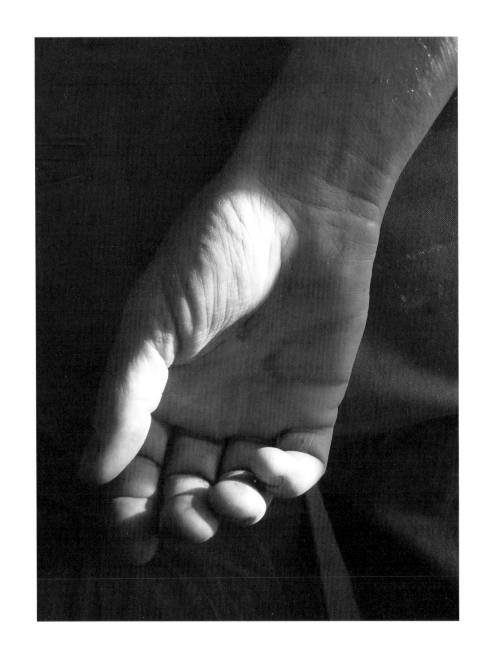

Duine Gan Stór

Duine gan stór a ghlór ní mheastar i gcéill,
Duine gan stór ar chóisir seachantar é,
Duine gan stór ní mór a chairde sa saol
Duine gan stór – is íseal a chéim.

'Na choinne sa ród má chastar achrainneach baoth
'Na choinne sa ród má chastar duine dá ghaoil,
'Na choinne sa ród má chastar pearsa den chléir,
Trí uireasa stóir ní dóigh go n-aithnítear é.

The Man of no Means

The man of no means –his opinion is not worth a straw
The man of no means – won't get in to a do or a ball
The man of no means has very few friends in the world
The man of no means – his status is low as they come.

When he meets as he walks on the road an ignorant stranger
When he meets on the road one of his own relations
When he meets on the road the priest of his own congregation
They'll all cock their snout – because of his lowly station.

Léiríonn an píosa seo nach mbíodh an seansaol a mbítear ag caitheamh ina dhiaidh chomh Críostaí, cineálta i gcónaí is a deirtear. Tá an chosúlacht air, ón gcóras meadarachta gur dán Muimhneach ó cheart é – déantar comhfhuaim ann idir na focal "i gcéill", "é", "saol", agus "céim". Is mar "í" a fhuaimnítear an focal "saol" i gConamara (*su-í-ul*). Mar a chéile sa darna ceathrú – déantar comhfhuaim idir "baoth", "dá ghaoil", "den chléir" agus "é": bíonn fuaim "uí" ag an défhoghar "ao" i nGaeilge Chonamara, fuaim nach dtiocfadh leis na focal "den chléir" agus "é", ag deireadh line trí agus a ceathair.

Fágann sé sin gur dóichí gur ó mhúinteoir scoile Muimhneach a tháinig an dán isteach i mbéaloideas Chonamara – rud atá spéisiúil, nuair a chuimhnítear ar an mblas frithchléireach atá le haireachtáil sa darna véarsa den dán.

In the past in Ireland, the Catholic clergy, along with the local doctor and teacher, were elite members of the educated middle class. Indeed, for a son to become a priest was every mother's dream, not just because it was popularly believed that it would guarantee her a place in Heaven, but it lent great status to the whole family. Indeed, a prosperous family was popularly defined as one having " a son in Maynooth (the major diocesan seminary in Ireland) and a bull in the garden".

Individuals from poor backgrounds, who achieved this type of social advancement often made excellent priests. Many, however, did not and frequently displayed a distinct lack of Christian kindness towards the poor, as is indicated in the second verse of this poem.

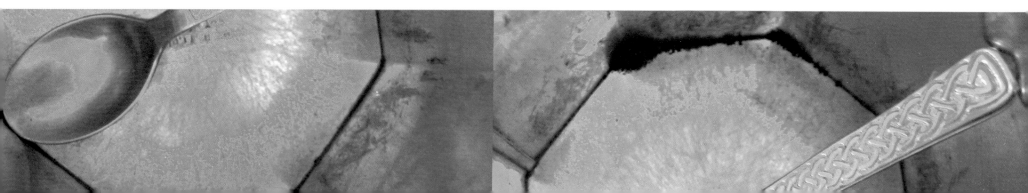

Glór Acastóra — *Máirtín Ó Direáin*

Cá bhfuilir uaim le fada
A ghlór acastóra?
Thiar i gcúl an ama atáir
Cé gur iomaí oíche i bhfad ó shin
Ba cheol tú i mo chluasa.

Carr Aindí Goill ar chapall maith
Bhíodh ag dul in aghaidh aird
Ar a bhealach go hEoghanacht.
Deireann súile m'aigne liom
Go raibh péint ghlé dhearg air,
Ach ní hé sin is measa liom
Ná is mó a airím uaim,
Ach glór an acastóra
A bhogadh chun suain mé.

Song of the Axle

Where have you been this many a year
Song of the axle?
You're way back now in the sounds of time
Where so many nights, so long ago,
You were music to my ears.

Aindí Goill's cart behind a good horse
Pulling up the slope
Back to Eoghanacht.
In my mind's eye,
I see it's glossy red paint
But even more vivid –
The thing I miss most
The song of the axle
Coaxing me to sleep.

Ceann de na rudaí is deise a bhaineann le cuairt a thabhairt ar oileáin Árainn ná a laghad sin trácht a bhíonn le feiceáil ar na bóithre. Tá carranna ann cinnte, go mórmhór ar an oileán mór, ach níl na bóithre plúchta leo go fóill, agus murab ionann is mórthír Chonamara, tá sé fós breá sábháilte dul ag rothaíocht ar bhóithre an oileáin. Bealach eile iompair atá ar fáil don chuairteoir, sa samhradh ar aon chaoi, ná an capall agus trap. Thabharfadh turas i gceann acu siar duine chuig na laethanta sular ghlac an mótar seilbh ar bhóithre an domhain mhóir.

Bíodh is go mbaineann an dán seo leis an seansaol sin, foilsíodh é i gceann de chnuasaigh dheireanacha Mháirtín Uí Dhireáin, *Crainn is Cairde*, sa mbliain 1970.

A visit to Inis Mór, the largest of the Aran Islands offers a rare opportunity in 21st century Ireland, to travel by horse and trap. Long banished from the roads of the mainland, the sound of the horse's hooves and the hum of the axle bring the visitor back to a less hurried world. Although the horse-drawn traps ply their trade purely for the benefit of the nostalgic tourist, a ride in one is a very pleasant way to see the island and hear island lore from one of the local drivers or jarveys, (a term itself imported from the Killarney lakes area of County Kerry, where the horse and trap is long established as a feature of the touristic "experience" of the area).

The "carr" Máirtín Ó Direáin rode in probably wasn't a trap, purpose-built for carrying humans in relative comfort. It more than likely refers to an agricultural cart, used for drawing imported turf from the quay, or seaweed from the strand.

Cé bhfaighfidh muid cóiste

Cé bhfaighidh muid cóiste do Mháire Nic Con Rí?
Cé bhfaighidh muid cóiste do Mháire Nic Con Rí?
Cé bhfaighidh muid cóiste do Mháire Nic Con Rí?
Seanphota gliomach is rothaí a chur faoi.

Habha mo leanbh is habha mo lao,
Habha mo leanbh, is ní magadh nach í,
Habha mo leanbh is habha mo lao,
Gabh a chodladh, a linbh, is go n-éireoidh tú arís.

Tá naipcín póca ag an Rógaire Dubh,
Tá naipcín póca ag an Rógaire Dubh,
Tá naipcín póca ag an Rógaire Dubh,
Tá sé thíos i mo phóca le bliain 's an lá inniu.

Habha mo leanbh is habha mo lao…..

Tá capall an tsagairt i ngarraí Sheáin Gabha,
Tá capall an tsagairt i ngarraí Sheáin Gabha,
Tá capall an tsagairt i ngarraí Sheáin Gabha,
Gabh a chodladh, a linbh, nó tiocfaidh an badhbh badhbh.

A Coach We Must Find

A coach we must find now for Máire Nic Con Rí
A coach we must find now for Máire Nic Con Rí
A coach we must find now for Máire Nic Con Rí
With an old lobster pot and under it wheels.

Habha my little calf, *habha* my babe
Habha my little calf, laughing we play
Habha my little calf, *habha* my babe
Sleep and come back again safely and wake.

The Black Rogue has stolen my best handkerchief
The Black Rogue has stolen my best handkerchief
The Black Rogue has stolen my best handkerchief
It was safe in my pocket a day and a year.

Habha my little calf, *habha* my babe
Habha my little calf, laughing we play
Habha my little calf, *habha* my babe
Sleep and come back again safely and wake.

The priest's horse is chewing Seán Gabha's cabbage leaf
The priest's horse is chewing Seán Gabha's cabbage leaf
The priest's horse is chewing Seán Gabha's cabbage leaf
The bogey man's coming – so go now to sleep.

Habha my little calf, *habha* my babe
Habha my little calf, laughing we play
Habha my little calf, *habha* my babe
Sleep and come back again safely and wake.

84

Thángthas ar liricí an tsuantraí seo sa gcnuasach rannta do ghasúir Cniogaide Cnagaide a chuir Nicholas Williams in eagar (An Clóchomhar, 1988). Bhí leagan eile ag an amhránaí atá le cloisteáil ar an dlúthdhiosca, Áine Ní Dhroighneáin agus fonn ag dul leis – níor luadh aon fhonn le leagan Cniogaide Cnagaide. Pósadh an dá leagan ar an bpointe, an lá go raibh muid ag obair sa stiúideo le hÁine.

Luann Cniogaide Cnagaide an iris Ghaeilge An Stoc, a foilsíodh i ndeireadh na naoi déag fichidí, mar fhoinse. Baineann véarsa amháin le hamhráinín eile dar teideal "An Rógaire Dubh", píosa a chastar go coitianta i gConamara. Tá port damhsa, nó jig chomh maith ann, a dtugtar "An Rógaire Dubh" air. Port é a chloistear go minic ó bhoscadóirí an cheantair.

85

Cá Bhfaighimid Cóiste do Mháire Nic Con Rí? belongs to the suantraí or lullaby tradition of oral literature. Most suantraí were sung, to lull children to sleep. This piece is quite rhythmic for a lullaby. The last line issues the warning that if the child doesn't go to sleep, the bogey man will come, which betrays a somewhat shaky grasp of child psychology. For these reasons, we cannot guarantee that this piece will have the desired effect on a young child.

Oíche Nollag — *Eoghan Ó Tuairisc (1919 – 1982)*

Dá mbeadh mileoidean agamsa
Ní bheadh Críost gan cheol anocht
Is é ag teacht ó áras bán a fhlaitheasa
Chuig an máinséar bocht,
Do sheinnfinn ceol do chuirfeadh gliondar ar a chroí
Ceol nár chualathas riamh ag píobaire sí
Ceol a chuirfeadh na réaltaí ag rince i spéartha na hoích'.

Ag an Aifreann amárach beidh an cór ann,
An tSiúr Muire na nAingeal ag an harmóinium
Brídín go géarghlórach
Liam s'againne is snas ar a bhróga
Is gan focal den Laidin ar a eolas
Ach *chorus angelorum.*

Ach dá mbeadh mileoidean agamsa
Is neart ina bholg séidte
Mo dhá ordóg faoi shnaidhm sna strapaí
Mo mhéara spréite
Mh'anam ach go gcuirfinn fáilte roimh Chríost.

Ach cén mhaitheas dom bheith ag rámhailleach
Tá mo sheanbhosca stróicthe ag clainn m'iníne
Tá comhlaí bainte de ag Liam
An saibhreas a bhí istigh ann caite spréite scáinte leis an ngaoith.

Í féin, níl tuiscint an cheoil aici
Ghlac sí páirt na bpáistí
Liam s'againne agus Brídín,
Is an fear a fuair sí
Athair na bpáistí –
Uch, an duine bocht fial.

Táid go léir ina gcodladh faoi na frathacha
An tine ar leathshúil dhearg ag stánadh orm
Ón tinteán
Amhail is dá mbeadh sí ag fiafraí díom
Cén fáth nach bhfuilim ag fáiltiú
Roimh Íosagán.

Tá ciúnas ar an saol mór maguaird
Cé is móite de ghiob-gheab na fearthainne ar an díon
Méara binbeacha na fearthainne ar an díon
Ag seinnm tiúin
Méara friochanta na fearthainne
Méara fada fuinniúla na fearthainne

Méara bríomhara binbeacha bíogúla ag scinneadh go haclaí
Ó chomhla go comhla
Ó chorda go corda
Ag fuascailt an ionnmhais ceoil –
Ceol láidir ina lán mara
Foinsí caola réshilteacha ceoil
Sprinlíní ceoil ag spréacharnach
Ceol chomh ciúin le cuisle an chroí chiúin
Ceol meidhreach ríghealgháireach
Snaidhmeanna cliste fite tríd an gceol
Ceol á scairdeadh mar fhíon dearg, á scaipeadh mar airgead geal
Ceol ina cheathanna de ghiníocha óir
A bhronnfainn air,
An leanbh ina mháinséar bocht –

Sea mhaise, dá mbeadh mileoidean agamsa
Ní bheadh Críost gan cheol anocht.

87

Christmas Eve

If only I had a melodeon
Christ would have music tonight
As he came from the marble halls of heaven
To the stable, with neither heat nor light
I'd play music that would make a drummer of his heart
Sweeter than a fairy piper's art
Music that would make the comets swoop and dart.

At Mass tomorrow the choir will sing,
Sister Mary of the Angels at the harmonium
Brídín singing croaky and flat,
Our Liam, a shine on his boots,
And on the two words of Latin he has by heart:
Chorus angelorum.

But if only I had a melodeon
Her belly heaving with air
My two thumbs, snug in the straps
My fingers splayed…..

But what's the use of rambling talk?
My daughter's kids destroyed the box
Liam dismantled every valve
The riches in her broken heart thrown, battered, to the wind.

Herself, she has no time for music,
She took the kids' side
Our Liam and Brídín
And the man she got –
The children's father –
Uch, the poor harmless devil.

They're all asleep now under the thatch
The fire, like a big red eye,
Stares out at me from the hearth,
Wanting to know why
I'm not welcoming the Christ-child to this Earth.

The world is quiet outside
Except for the rain, pecking on the roof
The sharp nails of the the rain on the roof
Fingering a tune

Frenetic fingers of rain
Nervy, nimble, knowing fingers, dancing and darting
From valve to valve
From chord to chord

Opening the floodgates of melody
Music now, in full spate
Music fluid and diffuse
Sparks of music flying
Music as calm as the pulse from the peaceful heart
Music intoxicating, extrovert
The genius, knotted, warp and weft of sound

Music pouring like red wine, spreading like molten silver
Music – a shower of golden guineas
That I would lay before him

The baby in that manger, with neither heat nor light

Yes indeed, if only I had a melodeon.
Christ would have music tonight.

Foilsíodh an dán seo sa gcéad chnuasach filíochta Gaeilge a chuir Eoghan Ó Tuairisc amach, *Lux Aeterna*, (1964). File liteartha a bhí ann go bunúsach, ach thaitníodh leis corrphíosa a scríobh a d'fheilfeadh don aithris phoiblí – bhí an-spéis aige i stíl siamsaíochta an Music Hall.

Is beag nach bhfuil an dán seo tagtha isteach sa mbéaloideas i nGaeltacht Chonamara faoin tráth seo. Cloistear faoi Nollaig i séipéil an cheantair é.

Áit mhór ceol mileoidin é Conamara, cúis eile leis an dán a chur san áireamh sa gcnuasach seo.

Eoghan Ó Tuairisc was born in Ballinasloe, in English-speaking East Galway, in 1919. He was one of the first Irish-language writers of the twentieth century to eke out a living from his creative work. He worked in English as well as Irish, but he was never by any means a commercially-minded writer. He wrote a number of novels in Irish, including *L'Attaque*, about the French military adventure in County Mayo in 1798, as well as numerous plays.

His subject-matter was wide-ranging – one of his most famous pieces, *Aifreann na Marbh*, is a long poem, written in the form of a Requiem Mass, which mourns the dead of the American atomic bombing of Hiroshima and Nagasaki, in 1945. He also wrote verse in a more performance-friendly style, such as this one.

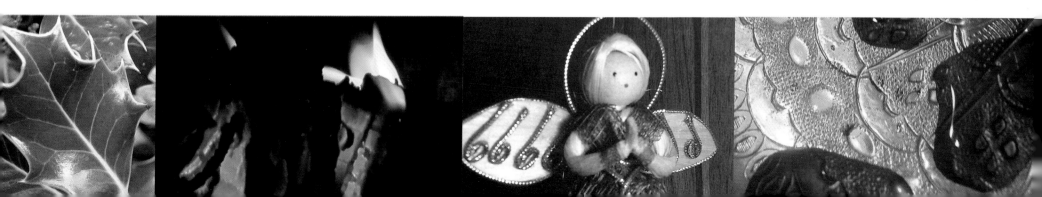

Scéal Agam Daoibh

Scéal agam daoibh
Damh ag glaoch
Sneachta síoraí
Samhradh d'éag.

Gaoth ard fhuar,
Íseal grian
Gearr a rith,
Muir gan srian.

Raithneach rua,
Ceilt ar chló,
Ardaíonn cadhan
A shean-ghlór.

Sníomhann fuacht
Eití éan,
Oighear-ré! –
Sin mo scéal.

Here's my News

Here's my news
Stag's in song
Snows have come
Summer's gone.

Sharp wind bites
Sun stays low
Short its flight
Ocean roars

Ferns are red
Slow to die
Brent goose calls
As old as time

Weather weaves
The wings of birds
Here's my news –
Icy world.

Is sa tSeanGhaeilge a cumadh an dán seo an chéad lá riamh agus baineann sé leis an réimse véarsaíochta a dtugtar "Filíocht na nDíthreabhach" air – dánta a scríobh manaigh, daoine a théadh amach sa bhfásach le cónaí go ciúin astu féin, agus Dia a adhradh agus a cheiliúradh sa saol ina dtimpeall.

Nuair a thosaigh lucht léinn na hEorpa ag cur spéise sa tSeanGhaeilge, sa naoú haois déag, bhí siad an-tógtha leis an bhfilíocht ar tháinig siad uirthi sna seanlámhscríbhinní a mbíodh siad ag déanamh staidéir orthu. Rinne an Gearmánach, Kuno Meyer, duine de na fir léinn sin, comparáid idir an cineál seo filíochta agus traidisiún an *haiku* sa tSeapáinis. Tá an tabhairt faoi deara céanna le sonrú sa dá thraidisiún agus an cur chuige físiúil céanna.

Is leagan leasaithe é an téacs Gaeilge anseo ar aistriuchán a rinne Tomás Ó Floinn ón mbundán SeanGhaeilge. Foilsíodh den chéad uair é sa leabhar aoibhinn Athbheo (1955), cnuasach aistriúchán NuaGhaeilge ar fhilíocht na seanteanga.

The famous Celtic scholar Kuno Meyer, who did so much to rediscover the literary riches of the Old Irish language was particularly taken by the nature poetry he found in the many manuscripts he deciphered in the late nineteenth century. *"In Nature poetry"* wrote Meyer *"the Gaelic muse may vie with that of any nation. Indeed, these poems occupy a unique position in the literature of the world. To seek out and watch and love Nature, in its tiniest phenomena as in its grandest, was given to no people so early and so fully as to the Celt".* This poem, a word-picture of the season of winter, is from the tenth century. Though probably written by a hermit monk, it is often attributed to the mythical warrior-poet, Fionn mac Cumhaill.

It never entered the oral tradition and would not be generally known by singers or storytellers in Conamara, but the sensibility of the poem – the feeling of being in tune with the natural cycle of the seasons, of dawn and dusk, of life and death, is one that I have always felt as being a basic part of the culture of the West of Ireland.

Creidiúintí an Dlúthdhiosca / CD Credits:

Cuireadh/Invitation
(Liric – Joe Steve Ó Neachtain, Ceol – John Ryan – MÓC Music/MCPS/IMRO)
Glór: Peadar Ó Treasaigh

Is Mé an Ghaoth ar Muir
(Liric – Tadhg Mac Dhonnagáin – leasú ar aistriúchán ón tSeanGhaeilge le Tomás Ó Floinn; Ceol – traidisiúnta, cóirithe le ceol nuachumtha – John Ryan – MCPS/IMRO)
Glór: Darach Ó Tuairisg
Píb Uilleann: Paul Harrigan

Maidin Bhealtaine/May Morning
(Liric – Seosamh Ó Donnchadha, Ceol – traidiúnta, cóirithe ag John Ryan, Paul Harrington, Tadhg Mac Dhonnagáin)
Glórtha: Peadar Ó Treasaigh, Áine Ní Dhroighneáin
Feadóg Íseal: Paul Harrigan

An Ortha/The Charm
(Liric – Traidisiúnta, Ceol – John Ryan – MCPS/IMRO)
Glórtha: Peadar Ó Treasaigh, Áine Ní Dhroighneáin, Darach Ó Tuairisg

Ortha na Seirce/The Incantation of Love
(Liric – Traidisiúnta, Ceol – John Ryan – MCPS/IMRO)
Glórtha: Áine Ní Dhroighneáin, Darach Ó Tuairisg

Peigí Mistéal
(Liric – Traidisiúnta, Ceol – John Ryan – MCPS/IMRO)
Glór: Darach Ó Tuairisg
Fidil: Paul Harrigan

Trí Nithe/Three Things
(Liric – Traidisiúnta, Ceol – John Ryan, Tadhg Mac Dhonnagáin – MCPS/IMRO)
Glórtha: Peadar Ó Treasaigh, Áine Ní Dhroighneáin, Darach Ó Tuairisg

Tiocfaidh an Lá/The Day Will Come
(Liric – Traidisiúnta, Ceol – John Ryan MCPS/IMRO)
Glór: Peadar Ó Treasaigh

Faoiseamh a Gheobhadsa/I'll Get Some Space
(Liric – Máirtín Ó Direáin, Ceol – John Ryan, Tadhg Mac Dhonnagáin – MCPS/IMRO)
Glór: Darach Ó Tuairisg

Fís an Daill/The Blind Man's Vision
(Liric – Máirtín Ó Direáin, Ceol – John Ryan – MCPS/IMRO)
Glórtha: Darach Ó Tuairisg, Peadar Ó Treasaigh

Soitheach na nDeor /The Vessel of Tears
(Liric – Johnny Chóil Mhaidhc, Ceol – John Ryan – MÓC Music/MCPS/IMRO)
Glórtha: Peadar Ó Treasaigh, Áine Ní Dhroighneáin

An Cailín Beag sa gCúinne/The Girl in the Corner
(Liric – Johnny Chóil Mhaidhc, Ceol – John Ryan, Paul Harrigan, Tadhg Mac Dhonnagáin – MÓC Music/MCPS/IMRO)
Glór: Peadar Ó Treasaigh
Píb Uilleann: Paul Harrigan

Ortha na Bó/Blessing of the Cow
(Liric – Traidisiúnta, Ceol – John Ryan – MCPS/IMRO)
Glórtha: Peadar Ó Treasaigh, Áine Ní Dhroighneáin

Duine gan Stór /The Man of no Means
(Liric – Traidisiúnta, Ceol – John Ryan – MCPS/IMRO)
Glórtha: Áine Ní Dhroighneáin
Píb Uilleann: Paul Harrigan

An bhfaca tú an Bacach?/Did You See the Beggar?
(Liric – Traidisiúnta, Ceol – John Ryan – MCPS/IMRO)
Glórtha: Peadar Ó Treasaigh, Darach Ó Tuairisg

Glór Acastóra/Song of the Axle
(Liric – Máirtín Ó Direáin, Ceol – John Ryan – MCPS/IMRO)
Glór: Peadar Ó Treasaigh
Feadóg: Paul Harrigan

Cá bhfaighidh muid Cóiste? /Where will we Find a Coach?
(Liric – Traidisiúnta, Ceol – Traidisiúnta, cóirithe ag Áine Ní Dhroighneáin agus John Ryan – MCPS/IMRO)
Glór: Áine Ní Dhroighneáin

Oíche Nollag /Christmas Eve
(Liricí – Eoghan Ó Tuairisc, Ceol – Traidisiúnta, cóirthe ag John Ryan, Paul Harrigan agus Tadhg Mac Dhonnagáin – MCPS/IMRO)
Glór: Peadar Ó Treasaigh
Bosca Ceoil: Paul Harrigan

Scéal Agam Daoibh/Here's My News
(Liric – Traidisiúnta, Ceol – John Ryan)
Glór: Darach Ó Tuairisg

Taifeadadh agus Meascadh
Glórtha: Telegael, An Spideál

Ceol: Stiúideo John Ryan, Áth Luain,
Samhain 2006 – Márta 2007.

Máistriú: Stiúideo Cuan, An Spideál, Aibreán 2007.

Stiúrú na nGlórtha: Tadhg Mac Dhonnagáin

Cumadh agus Casadh an Cheoil, Léiriú: John Ryan

Tadhg Mac Dhonnagáin

Tá tréimhsí caite ag Tadhg ina mhúinteoir bunscoile, ina láithreoir teilifíse le RTÉ agus ina scriptscríbhneoir teilifíse. Ó tháinig sé chun cónaithe i gConamara i mbliain an 2000, tá Tadhg Mac Dhonnagáin sé ag plé go cruthaitheach le véarsaíocht dhúchasach na háite. Foilsíodh leabhar agus dlúthdhiosca do ghasúir uaidh, faoin teideal Gugalaí Gug! sa mbliain 2005, foilseachán a tharraing ar shaibhreas rannta Chonamara.

Is fada é ag plé le cumadóireacht amhrán. Eisíodh ceithre albam dá chuid amhrán go dtí seo: Solas Gorm, (Gael Linn, 1988), Raiftearaí san Underground (CIC, 1993), chomh maith le dhá dhlúthdhiosca do ghasúir: Bliain na nAmhrán, (Futa Fata, 1997) agus Ceol na Mara, (Futa Fata, 2004). Eisíodh rogha a chuid amhrán do dhaoine fásta faoin teideal Imíonn an tAm, (Futa Fata 2004).

Bhí sé ar dhuine de chomhchumadóirí an tsraithdhráma teilifíse do dhaoine óga, *Aifric*, (TG4, 2006), sraith ar bronnadh gradam IFTA uirthi don chlár is fearr do dhaoine óga, i 2007.

Toghadh mar Uachtarán ar Oireachtas na Gaeilge é don bhliain 2007.

Tá cónaí ar Thadhg lena bhean Cristín agus a gcuid gasúr, Marcus, Éabha, Tadhg Óg agus Róise lámh leis an Spidéal.

Tadhg Mac Dhonnagáin's career to date has spanned the roles of primary school teacher, singer-songwriter, television presenter and screenwriter. Originally from East Mayo, he settled in Connemara in 2000, having spent twenty years working in music and television in Dublin. He has composed and recorded four albums of original songs, predominantly in Irish, as well as *Gugalaí Gug!*, an album and book of traditional Irish verse for children.

Tadhg was elected honorary Uachtarán (President) of Oireachtas na Gaeilge, the premier cultural festival of the Irish language, for the year 2007.

Ceara Conway

Is as an gCeathrú Rua, i nGaeltacht Chonamara do Cheara Conway. Tá cáilíochtaí sa dearcealaín bainte amach aici ó GMIT na Gaillimhe (1997) agus ó Ollscoil na hAlban, Dún Éideann (sa ghloine shéidte, 2001). Le linn chúrsa na hAlban, chaith sí bliain mhalartaithe i gColáiste Alfred i Nua Eabhrac. Is ann a chuir sí spéis i gceart sa ghrianghrafadóireacht, saothar dubh agus bán go háirithe. Ó shin i leith tá sí ag tarraingt meascán grianghraf – portráidí agus dreachanna tíre a théann i gcion uirthi, go mórmhór.

Ó d'fhill sí ar Éirinn i 2004, tá cúrsa iarchéime déanta aici sa gColáiste Náisiúnta Ealaíne agus Deartha, san Oideachas Ealaíon Pobail. Faoi láthair, tá sí ag plé go praiticiúil leis an réimse sin – tá togra pobail idir lámha aici i gcomhar leis an eagraíocht *Pléaráca* i gConamara, chomh maith le tréimhse chónaitheach in Áras na Seanóirí ar an gCeathrú Rua, Áras Mhic Dara.

Tá tréimhsí caite chomh maith ag Ceara ag taisteal agus ag grianghrafadóireacht san Ind. Anois agus í ar ais ar a fód dúchais, tá sí an-tógtha le háilleacht Chonamara.

A native of An Cheathrú Rua, in the Conamara Gaeltacht, Ceara Conway's art has taken her on many adventurous journeys, to New York, India and beyond. A sculptor with a particular affinity for the medium of glass, she also loves making photographs. Since returning to Ireland in 2004, Ceara has pursued post-graduate studies in Community Art Education. She has put this qualification to practical use in a number of innovative residency projects, working with various age-groups in the Conamara community.

John Ryan

Is cumadóir agus léiritheoir aitheanta ceoil é John Ryan, a bhfuil dhá scór bliain caite aige ag plé go gairmiúil leis an gceol comhaimseartha in Éirinn. In aois a hocht mbliana déag, chaith sé an ollscoil in aer le himeacht le *Granny's Intentions*, an chéad ghrúpa Éireannach riamh le conradh idirnáisiúnta a shíniú.

Tá tréimhsí caite ag John ag casadh le go leor ceoltóirí aitheanta i gcaitheamh na mblianta – ina measc fathaigh Nashville *John Prine, Joe Ely, Na Pogues, Na Waterboys, An Woods Band*, an grúpa forásach Éireannach *Moving Hearts*, an fonnadóir Gaillimheach *Mary Coughlan* agus an grúpa a raibh lucht leanúna mór cultach i dtús na nóchaidí acu, *na Fleadh Cowboys*.

Le tamall de bhlianta tá cuid mhór oibre déanta ag John san amharclann. Chum sé ceol agus amhráin don dráma *Loco County Lonesome* le Patrick McCabe. Choimisiúnaigh *Dance Theatre of Ireland* faoi thrí é le ceol a chruthú do léirithe éagsúla damhsa nua-aimseartha dá gcuid. Le seacht nó ocht de bhlianta, tá sé mar stiúrthóir agus cumadóir ceoil ar an léiriú bliantúil leis an gcomplacht amharclainne do dhaoine óga *Barnstorm*.

Tá John agus Tadhg Mac Dhonnagáin ag obair as lámh a chéile le breis is deich mbliana anuas ar thograí éagsúla ceoil. Bhí sé ina chóiritheoir agus léiritheoir ar *Bliain na nAmhrán* agus ar *Ceol na Mara*. Is é bhí i mbun léirithe agus cumadóireacht cheoil ar *Gugalaí Gug*.

John Ryan's career in popular music began in the sixties, when he abandoned a promising career in quantity surveying to hit the road with *Granny's Intentions*, the first Irish band ever to secure an international record deal. He has since worked with a roll-call of both international and Irish artists, including Nashville legend *John Prine, Joe Ely, The Pogues, The Waterboys*, as well as Irish bands such as *The Woods Band, Moving Hearts* and *The Fleadh Cowboys*. An interest in drama and movement has seen him work extensively in theatre, collaborating with among others, the playwright and novelist Patrick McCabe, *Dance Theatre of Ireland* and *Barnstorm Theatre Company*.

Aniar is the fourth CD he has created with Tadhg Mac Dhonnagáin.

Glórtha

Peadar Ó Treasaigh

Is fada cáil ar Pheadar Ó Treasaigh mar aisteoir stáitse, le hAisteoirí an Spidéil. Is lámh leis an mbaile sin atá cónaí air. Feictear go minic ar stáitse na Taibhdheirce i nGaillimh é – ghlac sé páirt ann sa gcéad léiriú de dhráma Mhichil Uí Chonghaile, Cúigear Chonamara. Tá páirt glactha i riar scannán aige, ina measc An Leabhar, Cré na Cille, agus The Kings of Kilburn High Road.

Peadar Ó Treasaigh is well-known in Conamara and beyond for his work on stage with Aisteoirí an Spidéil, the theatre group of his native village, as well as numerous productions with Taibhdhearc na Gaillimhe, the national Irish-language theatre, based in Gaway city. In recent years, he has successfully branched into screen acting, appearing in a number of films, including the film version of Máirtín Ó Cadhain's classic novel, Cré na Cille.

Darach Ó Tuairisg

Aisteoir agus puipéadóir é Darach ón Lochán Beag, in Indreabhán, Cois Fharraige. Tar éis dó seal a chaitheamh ag aisteoireacht sa sobaldráma Ros na Rún, bhunaigh sé comhlacht puipéadóireachta, Fíbín, a bhfuil an-mheas orthu de bharr caighdeán ard a gcuid léiriúchán.

An actor on stage and screen, Darach Ó Tuairisg has devoted most of his energies in recent times to his innovative puppet company, Fíbín. Their energetic and hugely entertaining productions have won national and international recognition.

Áine Ní Dhroighneáin

Is as Baile an tSléibhe, i nGaeltacht Chois Fharraige d'Áine. Tá sealanna caite aici mar mhúinteoir meánscoile, mar amhránaí cónaitheach sean-nóis in Ollscoil Náisiúnta na hÉireann, Gaillimh agus mar aisteoir leis an sobaldráma Ros na Rún.

A stage and screen actress, sean nós singer and former teacher, Áine Ní Dhroighneáin is also a fine jazz singer and dancer of the tango.